"Andere Länder, andere Kinder" Dein Auslandsumzug, mit Ori

Hilly van Swol-Ulbrich

Bettina Kaltenhäuser

Impressum

Herausgeber: CONSULTus Expatriate Briefings & Intercultural Seminars GmbH
65719 Hofheim
www.consultus.net

Autorinnen: Hilly van Swol-Ulbrich
Bettina Kaltenhäuser

Illustration: Michael Malm
Layout und Gestaltung: Sanja Galic
Druck: Aalexx Druck GmbH, Großburgwedel

Verlag: VAS-Verlag, Bad Homburg v. d. Höhe
www.vas-verlag.de

2. Auflage 2008
Die Deutsche Bibliothek – CIP Einheitsaufnahme

Swol-Ulbrich, Hilly / van:
Andere Länder, andere Kinder: Dein Auslandsumzug mit Ori / Hilly van Swol-Ulbrich;
Bettina Kaltenhäuser. - Frankfurt / Main: VAS, 2002

ISBN 978-3-88864-340-8

Wir widmen dieses Buch
allen kleinen
und großen Zugvögeln

Hilly van Swol-Ulbrich

Hilly hat eine englische Mutter, einen niederländischen Vater und einen deutschen Ehemann. Vor ihrem Umzug nach Deutschland lebte sie in Großbritannien und den Niederlanden. Nach 15 Umzügen gründete sie 1987 eine Relocation-Agentur und fünf Jahre später das Beratungsunternehmen CONSULTus Expatriate Briefings & Intercultural Seminars GmbH in Hofheim. Hilly hat sich auf die kulturelle Vorbereitung von Expat-Familien und ihren Kindern spezialisiert. Ihre über 10-jährige Erfahrung mit Kinderseminaren fasst sie nun in diesem Buch zusammen. Es waren die Begeisterungsfähigkeit und die Spontaneität der Kinder, die sie zu diesem Buch inspiriert haben; gewidmet hat sie es der stetig wachsenden Schar der großen und kleinen Zugvögel. Guten Flug!

Bettina Kaltenhäuser M.A.

Bettina hat während ihres Studiums der Fächer Publizistik, Amerikanistik und Psychologie mehrere Zwischenstopps im Ausland eingelegt: Nach Italien, Kalifornien und der Schweiz folgte schließlich North Carolina. In allen diesen Ländern war der Alltag so unterschiedlich wie der jeweilige Speiseplan – Pasta, Hamburger, Käseraclette und Barbecue.

Im Ausland hat sich Bettina von vornherein auf diese grundlegenden Unterschiede zu ihrem „gewohnten" Leben vorbereitet und war deshalb auch auf einige Überraschungen gefasst. Genau diese Einstellung möchte sie mit diesem Buch an die Expat-Kinder weitergeben, um ihnen richtig Appetit auf ihr neues Land zu machen!

Dein "Wegweiser" für dieses Buch

Liebe Eltern / Pädagogen,
ab **Seite 92** finden Sie
* die wichtigsten Informationen zum Konzept des Buches,
* konkrete Anregungen für die verschiedenen Umzugs- und Eingewöhnungsphasen,
* die wichtigsten Hinweise auf einer 10-Punkte-Liste sowie
* umfangreiche Informationsquellen, wie z. B. Bücher, Websites und Spielsammlungen.

Hallo und herzlich willkommen!

altes Zuhause

neues Zuhause

Du hast eine spannende und aufregende Zeit vor Dir, denn Du bekommst ein zweites Zuhause in einem neuen Land! Hier in diesem Buch steht, wie Du aus Deinem Umzug ein unvergessliches Abenteuer machen kannst!

Woher wir das alles wissen? Der Zugvogel Ori ist unser internationaler Umzugsspezialist. Er hat viele seiner Ideen und Geschichten in diesem Spiel-, Mal- und Bastelbuch für Dich gesammelt. Egal, wann Du darin herumstöbern möchtest – vor dem Umziehen, auf der Reise oder in Deinem neuen Zuhause – Du findest darin jede Menge Tipps zum Ausprobieren!

Ori möchte Dich auf den nächsten Seiten gerne näher kennen lernen. Vielleicht findest Du hier irgendwo seine Adresse und schreibst ihm einmal, wie es Dir im Ausland geht, ja?

Viel Spaß!

Grüß Dich!

I. Dein Leben zu Hause

Wer bist Du denn? Was tust Du gerne? Und wer sind Deine Freunde und Deine Familie?

Diese Dinge sind für Dich bestimmt so selbstverständlich, dass Du bisher noch nie länger darüber nachgedacht hast, richtig? Doch jetzt gibt es ja Ori, den neugierigen Zugvogel, der gespannt auf Deine Geschichte ist!

"Hallo, ich bin's, Ori!

Wir Zugvögel ziehen jedes Jahr zweimal um – einmal fliegen wir in den Süden, wenn es uns hier zu kalt wird. Und dann kommen wir erst zurück, wenn es hier wieder schön warm geworden ist.

Du merkst schon, ich kenne mich mit Umzügen ganz genau aus!

Als meine Eltern das erste Mal gesagt haben, dass ich von zu Hause wegfliegen sollte, war das ein ganz merkwürdiges Gefühl. Ich war richtig traurig – aber schon bald nach dem Umzug hat es mir in dem neuen Land bei meinen neuen Freunden super gut gefallen. Außerdem wusste ich ja: Ich komme irgendwann bestimmt wieder zu meinen alten Freunden zurück!

Auf den nächsten Seiten werde ich Dir von meinen Abenteuern erzählen. Aber zuerst möchte ich **Dich** kennen lernen. Wer bist Du denn?"

Das bin ich

Mein Foto

Mein Name

_____

Meine Adresse

_____

_____

Mein Alter

_____

Ich ziehe nach

_____

Was ich besonders gerne mache

_____

_____

Was tust Du gerne?

Wenn Du etwas entdeckst, was Du gerne tust, dann kreise das Bild ein. Wenn nicht, dann male Dein Lieblingshobby in den Kasten:

Das ist ein Apfelbaum, aber das ist auch ein Stammbaum!

Male für jedes Familienmitglied einen Apfel und schreibe seinen Namen dazu.

Altes Zuhause

Zeichne Deinen Lieblingsplatz oder Lieblingsort ein.
Vielleicht ist es Dein Zimmer oder ein geheimes Versteck?

Hier ist Platz für Deine Bilder und Notizen!

Hier kannst Du aufschreiben, was Du mit Deiner Familie Lustiges erlebt hast. Waren auch andere Verwandte dabei? Was magst Du besonders an Deiner Familie?

Kein Problem,
das pack ich schon!

2. Deine Vorbereitungen auf den Umzug

Wenn Du umziehst, dann musst Du an eine ganze Menge Dinge denken. Zum Beispiel wirst Du doch Deine Lieblingssachen einpacken wollen. Manchmal bist Du dann so mit den Vorbereitungen beschäftigt, dass Du fast vergisst zu fragen, warum Du eigentlich umziehst, oder?

Ori zieht um,

weil es ihm hier im Winter zu kalt ist und weil es dann seine Lieblingsspeise nicht gibt.

Warum ziehst Du denn um? Kreuze den Buchstaben mit Deiner Antwort an:

Ich ziehe um, weil

a) meine Eltern jetzt woanders arbeiten.
b) es zu Hause zu viel regnet.
c) Ich weiß nicht genau warum.

d) _____

_____

 Wenn Du c) angekreuzt hast, dann frage gleich Deine Eltern!

Viele andere Kinder haben schon Kisten und Koffer gepackt ...

a) Wer fällt Dir dazu ein?

_____

b) In einigen Kinderbüchern kommen sogar Figuren vor, die auch ein ungewöhnliches Leben in fremden Ländern führen.

Hast Du vielleicht an diese Kinder gedacht?

* Pippi Langstrumpf   * Alice im Wunderland
* Nils Holgersson   * Peter Pan

c) Findest Du etwas besonders lustig oder interessant an diesen Geschichten?
Bewunderst Du etwas an diesen Kindern?

_____

_____

Auf der Website **www.juma.de** findest Du Berichte von Schüler-korrespondenten aus der ganzen Welt. Schau doch mal rein, vielleicht berichtet auch ein Kind aus Deinem neuen Land?

Wenn Du an Deinen Umzug denkst, wie fühlst Du Dich dann?

Male einfach das Gesicht ein.
Nicht die Haare vergessen!

Wie sieht das Gesicht aus?

○ fröhlich
○ traurig
○ böse
○ gleichgültig

Warum fühlst Du Dich so?

_____

Was glaubst Du, was Pippi, Nils, Alice und Peter zu Dir sagen
würden, wenn Du ihnen von Deinem Umzug erzähltest?

_____

Smiley Fragen

Kreuze an, wie Du Dich fühlst!

1. Machst Du Dir Sorgen, in Deinem neuen Land ohne Deine Freunde zu sein?

   ○ Ja, ich habe wirklich Angst, alleine zu sein.
   ○ Mal sehen, wie es wird.
   ○ Nein, ich werde bestimmt neue Freunde finden.
   ○

   _____

2. Was glaubst Du, kannst Du dort mit Deinen Hobbys weiter-machen?

   ○ Ich muss meine Hobbys bestimmt aufgeben, wie schade!
   ○ Vielleicht kann ich ja mit meinen Hobbys weitermachen.
   ○ In dem neuen Land gibt es bestimmt viele neue Dinge auszuprobieren!
   ○

   _____

Smiley Fragen

Kreuze an, wie Du Dich fühlst!

3. Worauf ich mich freue oder was mir gar nicht fehlen wird:

○ Ich freue mich eigentlich auf gar nichts!

○ Ich bin gar nicht traurig, dass ich meinen Mathelehrer, den bissigen Hund aus der Nachbarschaft oder

_____

(was möchtest Du hier eintragen?) nicht mehr sehen werde.

○ Ich freue mich auf mein neues Land, denn ich kann dort

_____

(was möchtest Du hier eintragen?)

○

_____

Wenn Du hier die erste Antwort angekreuzt hast, dann frage doch mal Deine Eltern, auf was sie sich in dem neuen Land freuen!

"Meine Freunde

waren erst ein bisschen traurig, dass ich weggehe. Als ich ihnen aber dann von dem neuen Land erzählt habe, waren sie ganz begeistert und wollten am liebsten gleich mitkommen!"

Wie haben denn Deine Freunde reagiert?

o Komme zu Besuch!

o Ich bin auch schon umgezogen!

o Wie ist es denn dort?

o Schade!

o Da war ich schon mal!

o Super!

o _____

Sind alle Umzugs-vorbereitungen langweilig? Nicht unbedingt!

Wenn Du von der Liste etwas erledigt hast, dann mache einen Haken in das Kästchen.

☐ Bücher / geliehene Dinge zurückgeben

☐ Aussortieren

☐ Mitgliedschaften beenden

☐ Übernachte noch einmal bei _____

☐ Schreibe einen Artikel für die Schülerzeitung

☐ Löse Dein Versprechen bei _____ ein

☐ Abschiedsparty organisieren

☐ _____

Mit einer Zeitkapsel kannst Du die Zeit festhalten!

Nimm eine kleine Kiste, einen Stift, Klebeband, Papier und Deinen persönlichen Krimskrams. Schreibe auf alle Dinge ein Datum, verschließe das Kästchen und vergrabe es an einem **geheimen** Ort!! Zeichne eine kleine Karte, wo Du Deine Zeitkapsel versteckt hast, damit Du sie auch wiederfindest, wenn Du wieder nach Hause kommst. Dann kannst Du vergleichen, wie Dein Leben vor und nach dem Umzug war!

Umziehen
leicht gemacht!

Was haben diese beiden Tiere gemeinsam?

_____

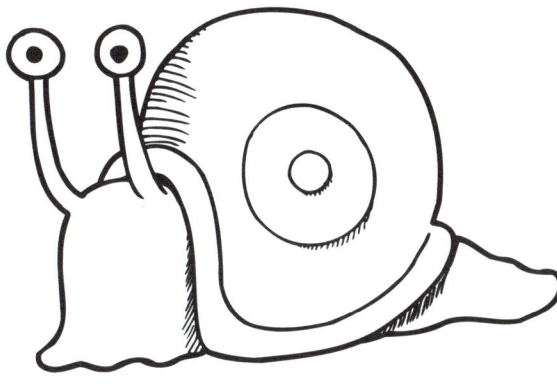

Lösung:
Die Schildkröte und die Schnecke haben
ihr Haus immer dabei – aber Du mußt zum
Umziehen Deine Koffer packen!

Und was unterscheidet Dich von diesen beiden Tieren?

_____

Ich packe meine Koffer und nehme mit ...

A ...

B

C

D

E

F

G ute

H

I

J

K

Laune!

M

N

O

P

Q

R

S

T

U

V

W

X

Y

Z

Hast Du eigentlich schon Deine Umzugssticker vorbereitet? Wie wäre es mit so einem?

Du kannst den Umzugssticker kopieren oder Deinen eigenen Sticker entwerfen!

Diese Kiste gehört: _____

Inhalt: _____

Wo sie hin soll: _____

○ Sehr wichtig   Sonstiges: _____

○ hat Zeit: _____

28

Hier ist Platz für Deine
Bilder und Notizen!

Meine Freunde sind
etwas ganz Besonderes!

3. Alte und neue Freunde

Deinen alten Freunden möchtest Du bestimmt auf Wiedersehen sagen. Es gibt viele Möglichkeiten, wie Ihr in Kontakt bleiben könnt. Und in Deinem neuen Land ist es gar nicht so schwierig, neue Freunde zu finden. – Ori hat eine Menge Ideen für Dich gesammelt! Dabei hat er gleich noch seine eigene Adresse versteckt, ob Du sie findest?

Freundschaftsbuch

Ori's Freunde haben sich alle in seinem Freundschaftsbuch verewigt. Du siehst ja, wie sich Ori darüber freut!

Hier sind ein paar Tipps, was Deine Freunde und alle Menschen, die Dir wichtig sind (z. B. Deine Großeltern und andere Verwandte), eintragen können:

Hier ist ein Freundschaftsbuch für Dich >>

 Fingerabdrücke, Bilder, Fotos, getrocknete Blumen und Laubblätter, Sprüche, Liedertexte, Lieblingswitze ...

Name:

Name:

Name:

Name:

Name:

Name:

Mit Deinen alten Freunden zu Hause kannst Du:

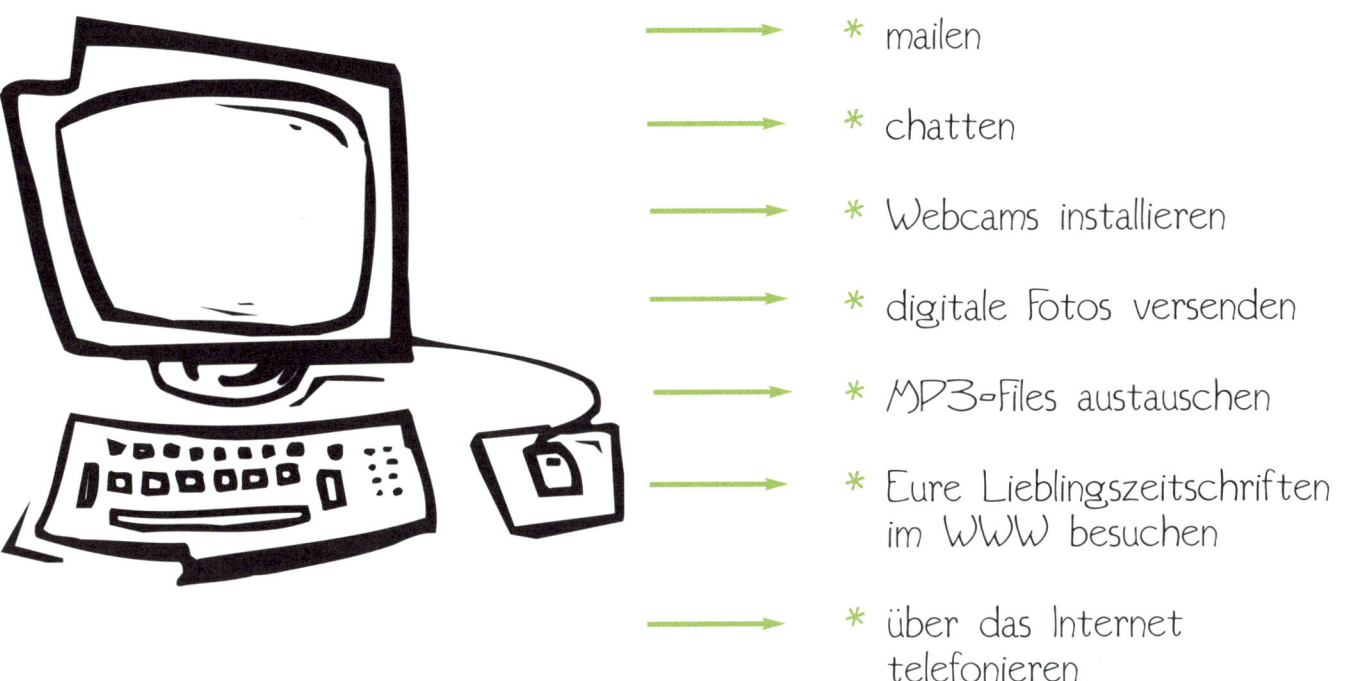

→ * mailen

→ * chatten

→ * Webcams installieren

→ * digitale Fotos versenden

→ * MP3-Files austauschen

→ * Eure Lieblingszeitschriften im WWW besuchen

→ * über das Internet telefonieren

! * Du kannst eine Familienhomepage erstellen, so wissen Deine Freunde, wie es Dir geht; eine Anleitung findest Du unter **www.blog.de**

* Bilder und Cliparts findest Du unter **www.clipartarchiv.de**

* Gehe im Internet einmal zu **www.Blinde-Kuh.de**, das ist eine coole Suchmaschine für Kinder.

* Besprich mit Deinen Großeltern, wie sie am liebsten mit Dir in Kontakt bleiben möchten.

Adressen von meinen besten Freunden

✂ -

Name: Ori	Name:
Adresse: Im Nest 2	Adresse:
E-Mail: Ori@Ori-and-Ricki.net	E-Mail:
Name:	Name:
Adresse:	Adresse:
E-Mail:	E-Mail:
Name:	Name:
Adresse:	Adresse:
E-Mail:	E-Mail:
Name:	Name:
Adresse:	Adresse:
E-Mail:	E-Mail:

Du kannst sie direkt in Dein Heft schreiben lassen, aber falls der Platz nicht reicht, musst Du die Seite erst kopieren.

Deine persönlichen Visitenkarten

✂ -

Name: Adresse: E-Mail:	Name: Adresse: E-Mail:
Name: Adresse: E-Mail:	Name: Adresse: E-Mail:
Name: Adresse: E-Mail:	Name: Adresse: E-Mail:
Name: Adresse: E-Mail:	Name: Adresse: E-Mail:

Hier kannst Du **Deine** neue Adresse für Deine Freunde aufschreiben. Schneide die Karten dann einfach aus!

Ori faltet Origami-Kraniche ...
Wenn sich Kinder in Japan für etwas Glück wünschen, dann falten sie Kraniche aus Papier, diese Kunst heißt Origami. Wie wäre es, wenn Du zum Abschied einen selbst gebastelten Papierkranich verschenkst?! Ein bisschen Glück kann jeder brauchen! Vielleicht kannst Du das an Deinem letzten Schultag gemeinsam mit Deiner Klasse machen? Viel "Origami" dabei!

So geht's!

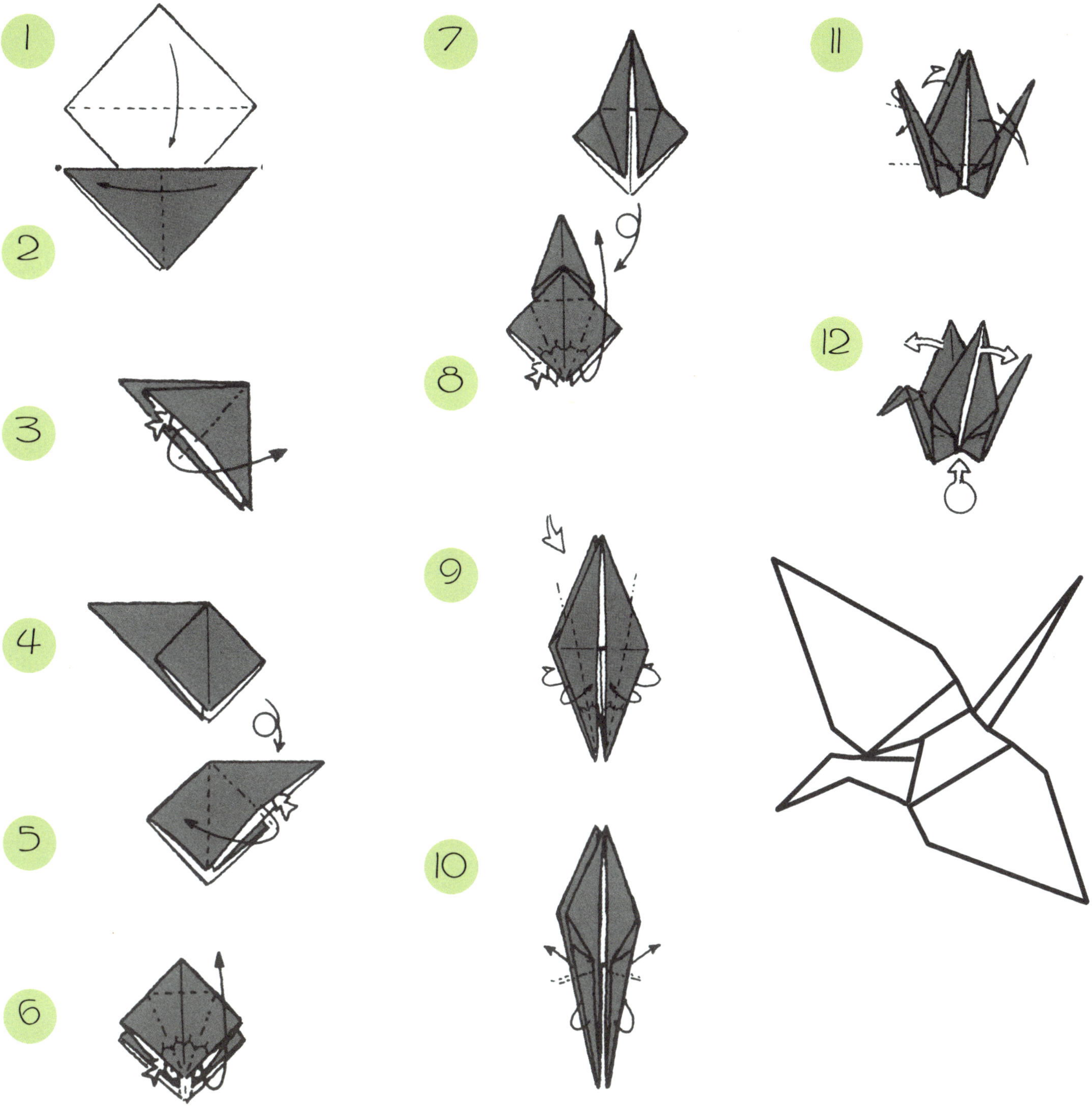

1

2

3

4

5

6

7

8

9

10

11

12

Neue Freunde finden ist nicht so schwer!

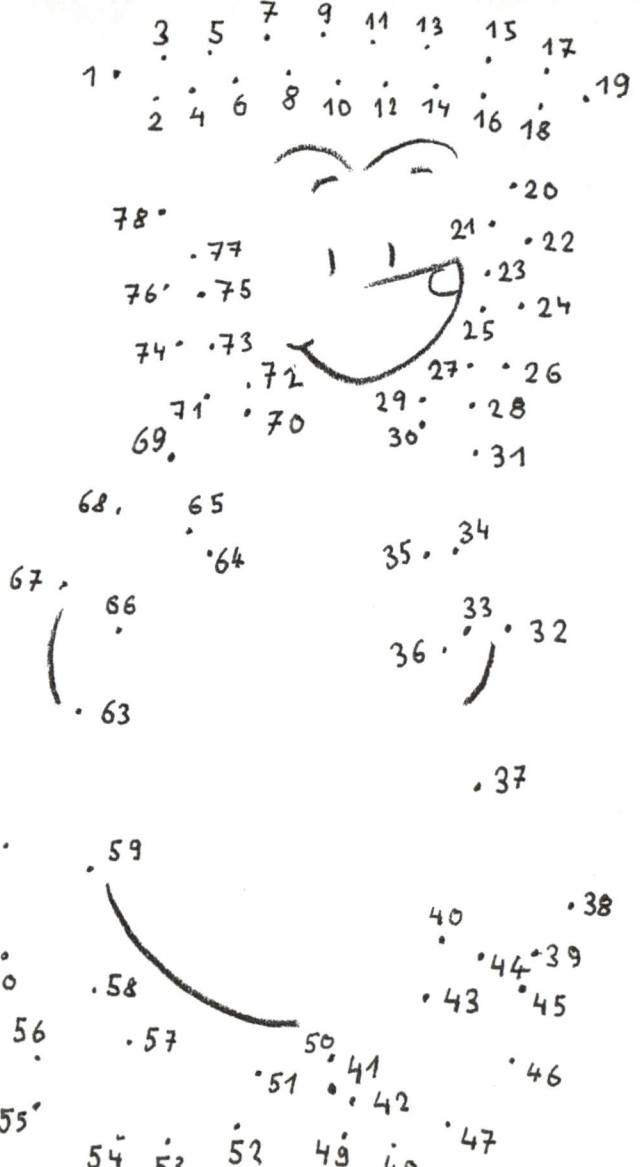

Das wirklich Spannende am Umziehen ist, dass man jede Menge neue Freunde finden kann! Am Anfang sind Kinder oft ein bisschen zurückhaltend. Aber wenn Du sie näher kennen lernst, sind sie meistens sehr nett.
Diese Erfahrung hat auch Ori gemacht – sein neuer Freund Ricki war am Anfang ziemlich stachelig, aber jetzt sind die beiden die besten Freunde!

Findest Du Ori's neuen Freund?

Verbinde einfach die Zahlen, dann findest Du Ricki, den

_____

Wo finde ich neue Freunde?
Ordne einfach
den Buchstabensalat!

RESTOPVINER: _____

KUSCHIMELUS: _____

KREICH: _____

DEPFANIFDR: _____

PURETTHEGAREP: _____

TUZÜLSCHEREING: _____

ROCH: _____

NEITSCHARFTSREIBAGT: _____

Hast Du schon einmal ...
* eine Karte mit Deiner Adresse an einen Luftballon gehängt? Vielleicht antwortet Dir ein neuer Freund?
* die Website **www.scoutnet.de** angeschaut?

Viel Spaß – ohne viele Worte

1. Bei den **Fadenspielen** können Deine neuen Freunde und Du sich einfach gegenseitig zeigen, wie die Fadenfiguren gehen.

2. Kennst Du **Memory**? Es gibt Memory-Spiele z. B. mit Bildern aus Deutschland. Wenn es für Dein Land kein Memory gibt, dann kannst Du ja die Kärtchen selber basteln. Male oder fotografiere einfach ganz alltägliche Dinge, wie z. B. Briefkästen oder Telefonzellen. Und denke daran, dass Du immer zwei Bilder davon brauchst! So kannst Du Deinen neuen Freunden zeigen, wie es bei Dir zu Hause aussieht. Vielleicht gibt es auch ein Memory zu Deinem neuen Land? Schau doch mal unter **www.ravensburger.de** nach!

3. Das **Spiegel-Spiel** ist ganz einfach: Zwei Kinder stehen sich gegenüber und ein Kind macht alle Bewegungen seines Partners nach – es spielt sein Spiegelbild. Versuche, die Bewegungen Deines Gegenübers möglichst genau nachzumachen. Wer zuerst lacht, hat verloren!

 Fadenspiele aus aller Welt sind in einem Extra-Buch gesammelt. Schau mal hinten in den Angaben nach! Dort findest Du auch Informationen zu einer Spielsammlung, in der Spiele aus vielen verschiedenen Ländern stehen.

Hier ist Platz für Deine Bilder und Notizen!

Lass uns Neuland entdecken!

4. Dein neues Land

Was weißt Du denn schon über Dein neues Land?

Ori hat ein paar seiner Lieblings-Websites zusammengestellt, auf denen Du viele Informationen findest. So kannst Du schon eine Menge über Dein neues Land erfahren.

Du wirst merken, je mehr Du über Dein neues Land weißt, desto leichter wird Dir der Umzug fallen! Legen wir also gleich los ...

Mein neues Land heißt ...

Ist Dein neues Land größer oder kleiner als Dein Heimatland?
Grenzt es an ein Meer? Gibt es dort Berge? Zeichne alles ein,
was Du bereits weißt! Fange mit dem Umriss an!

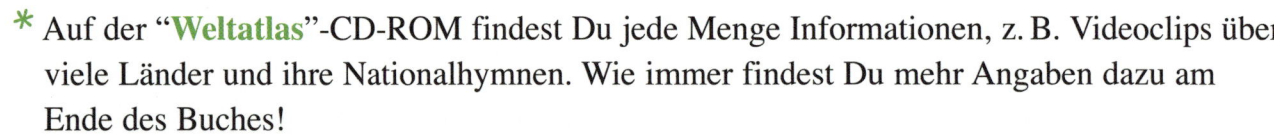

* Auf der "**Weltatlas**"-CD-ROM findest Du jede Menge Informationen, z. B. Videoclips über viele Länder und ihre Nationalhymnen. Wie immer findest Du mehr Angaben dazu am Ende des Buches!
* Auf der Website **www.geo.de/GEOlino** gibt es auch viele Länderinformationen für Kids, ebenso unter **www.nationalgeographic-world.de/kinder**
* Mit dem Kartenspiel "**Quiz & Co.**" kannst Du testen, wie viel Du und Deine Eltern wirklich schon über Ihr neues Land wissen!

Zeichne ein, in welcher Himmelsrichtung Dein neues Land liegt!

Kennst Du auch den Längen- und Breitengrad?

_____

Welche Sternbilder kann man am besten am Himmel sehen?

_____

Höchste Zeit!

Gibt es einen Zeitunterschied zu Deinem Heimatland? Wenn ja, wie viel Uhr ist es in Deinem neuen Land, wenn es hier 10.10 Uhr ist? Zeigt der Kalender dann in beiden Ländern das gleiche Datum?

Datum: _____

Datum: _____ Uhrzeit: _____

bei Dir zu Hause

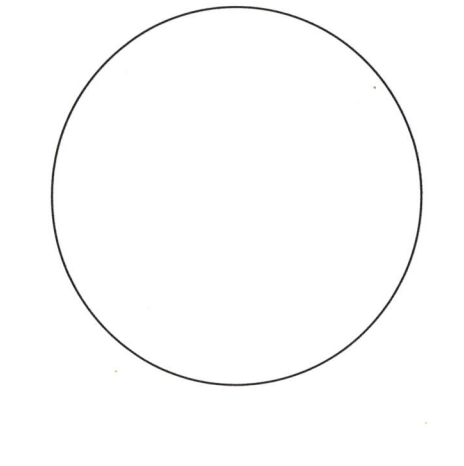

_____

in Deinem neuen Land

Hilfe bei den Antworten findest Du unter www.weltzeituhr.com

Ein Pass für Dein neues Land

Die Fahne von Deinem neuen Land

> Klebe hier ein Bild
> der Fahne ein

Eine Briefmarke aus Deinem neuen Land

> Klebe hier eine
> Briefmarke ein

Klebe hierhin ein Ori-Bild.
Die Abbildung zum
Ausschneiden findest Du
auf **Seite 53**!

Gut gemacht!

Kennst Du auch ...

... ein bekanntes Tier aus Deinem neuen Land?

> Klebe hierhin
> ein Tierbild

... einen bekannten Sportler in Deinem neuen Land?

> Klebe hierhin das
> Bild eines Sportlers

Super!

Ori hier
einkleben

... einen bekannten Mädchennamen?

_____

... einen bekannten Jungennamen?

_____

Ori sagt: "Gut gemacht!"

Schneide die drei Ori-Bilder aus und klebe sie in die Fläche am
Ende der **Seiten 51, 52** und **54**!

Diesen großen Ori benötigst Du erst etwas später,
er gehört auf **Seite 85**!

Bargeld lacht ...

Wie heißt Dein Taschengeld in dem neuen Land?
Name der Währung:

_____

Einheiten:

_____

z. B. Euro und Cents

Rechne Dein jetziges Taschengeld in die neue Währung um!

Platz zum Rechnen

Geschafft, jetzt hast Du Deinen eigenen Pass! Gratuliere!

Ori hier einkleben

Wie bitte?!

Hast Du mit Deinen Freunden auch eine Geheimsprache, die nur ihr versteht und sonst niemand? Dann macht es Euch bestimmt auch Spaß, die neue Landessprache zu lernen. Kennst Du schon ein paar Worte dieser Sprache?

Gerne

_____

Guten Morgen

_____

Hallo

_____

Eins

_____

Danke

_____

Gute Nacht

_____

Auf Wiedersehen

_____

Fünf

_____

Tipps zum Sprachelernen:
* Klebe Post-it-Zettel mit den Worten der neuen Sprache an die Möbel in Deinem Kinderzimmer, z. B. einen Zettel an Dein Bett mit der Aufschrift "bed", einen an die Tür mit "door" etc.
* Begrüße Deine Eltern jeden Morgen in der Landessprache.

Guten Appetit!

1. Was wird zum Frühstück gegessen?

   ○ Spiegeleier   ○ Kichererbsen
   ○ Fisch   ○ _____

2. Um wie viel Uhr isst man zu Abend?

   ○ 18.30 Uhr   ○ 20.00 Uhr
   ○ 22.00 Uhr   ○ _____

3. Gibt es ein spezielles Essen, das man an nationalen Feiertagen isst?

   ○ Bestimmter Kuchen   ○ Besondere Suppe
   ○ Spezielle Fleischsorte   ○ _____

4. Welche Bestecke braucht man am Tisch?

   ○ Messer und Gabel   ○ Hände
   ○ Stäbchen   ○ _____

5. Was essen die Leute in dem neuen Land nicht?

   ○ Schweinefleisch   ○ Käse
   ○ Rindfleisch   ○ _____

○ Probiere mit Deinen Eltern jede Woche ein neues Rezept aus!

Party, Feier, Fiesta

Finde heraus, was in Deinem neuen Land besonders gefeiert wird. Was ist mit Geburtstag, Namenstag, Weihnachten, Heiligabend oder Silvester?

Wer wird eingeladen?

_____

Was gibt es für Geschenke?

_____

Was wird gegessen?

_____

Was wird gesungen und unternommen?

_____

_____

Was zieht man an?

_____

Etwas ganz Besonderes ist

_____

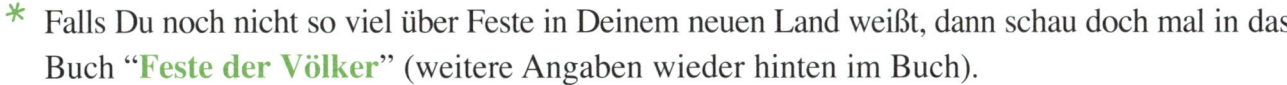

* Falls Du noch nicht so viel über Feste in Deinem neuen Land weißt, dann schau doch mal in das Buch "**Feste der Völker**" (weitere Angaben wieder hinten im Buch).
* Organisiere nach dem Umzug selbst ein Fest, zu dem jeder Deiner neuen Freunde in der Tracht seines Heimatlandes erscheinen soll! Was wirst Du wohl anziehen?!
* Wenn Du einmal auf ein Fest eingeladen bist, dann nimm ein Tonbandgerät mit!

Hier ist Platz für Deine Bilder und Notizen!

Hast Du Lust, Dein Lieblingsfest zu malen oder zu beschreiben?

Hier ist Platz für Deine Bilder und Notizen!

Hier kannst Du eine alte Eintrittskarte zur Erinnerung einkleben, z. B. als Du im Kino oder im Zoo warst.

Ricki weiß Bescheid!

5. Was wird anders?

Manchmal sind Überraschungen ganz toll. Aber Ori weiß, dass sie beim Umziehen oft keinen Spaß machen. Wenn Du in ein neues Land ziehst, ist es besser zu wissen, was dort anders ist als zu Hause!

Was **ändert** sich alles?

Schreibe in die erste Spalte, was gleich bleibt, in die zweite Spalte, was anders wird, und in die dritte Spalte, was **Du** verändern kannst!

	was bleibt	was anders wird	was ich ändere
Beispiel Dein Zimmer:	Lieblingsposter	Größe	Einrichtung
Haus / Wohnung			
Dein Zimmer:			
Garten / Balkon:			
Platz / Raum:			
Nachbarn:			
Umgebung			
Nähe von Sportplatz:			
Felder / Wälde / Parks:			
Einkaufsorte:			
Bus- / Bahnhaltestelle:			
Schule			
Schulweg:			
Schulkleidung:			
Schulfächer:			
Pausenbrot oder Kiosk:			

 Falls Du den Anschluss an Deine Klasse zu Hause nicht verlieren willst oder sogar Hausaufgaben von dort mitbekommen hast, dann findest Du Hilfe unter **www.learnetix.de**

Dein Wochenplan

Überlege einmal, wie eine typische Woche in Deinem neuen Land aussehen wird. Du kannst Deine Eltern um Hilfe bitten!

Mo	Di	Mi	Do	Fr	Sa	So

Sende Deiner neuen Klasse eine E-Mail, in der Du Dich vorstellst. Vielleicht schickst Du ein Foto und beschreibst Deinen jetzigen Alltag, sodass Dich Deine neuen Klassenkameraden schon einmal ein bisschen kennen lernen. Könnte ganz spannend sein, was sie Dir so antworten!

Was bleibt gleich in Deinem Leben – egal, wo Du bist?

"Du und Deine Familie bleiben zusammen!"

Hier siehst Du so etwas wie einen Wochenplan für die Familie: Hier kannst Du aufschreiben, was Ihr zu Hause immer gemacht habt – das werdet Ihr in dem neuen Land bestimmt auch so beibehalten:

○ Einmal in der Woche gehen wir beten.
○ Einmal im Monat gehen wir ins Kino.
○ Samstags gehen wir immer einkaufen.
○ Am Wochenende mache ich Frühstück.
○ Im Sommer machen wir ein Grillfest.
○ Wir gehen manchmal in einen Freizeitpark.

○ _____

○ _____

○ _____

Was trägt der denn auf dem Rücken mit sich herum?! Und wozu überhaupt?

Der hat aber eine lange Nase!

In Deinem neuen Land kommen Dir bestimmt am Anfang manche Dinge ganz fremd vor. So ging es auch Ricki und Ori, bevor sie Freunde geworden sind. Als Erstes haben sie all die Unterschiede bemerkt. Ori hat sich über Ricki's Stacheln gewundert und Ricki hat Ori's Schnabel für eine Nase gehalten.

Dann hat sich aber Ori ein Herz gefasst und Ricki gefragt: "Was hast Du eigentlich für einen lustigen Pelz auf dem Rücken?" – und Ricki hat ihm erzählt: "Das ist gar kein Pelz, das sind meine Stacheln, die mich schützen." Und dann war auch Ricki mutig und fragte: "Warum hast Du bloß so eine lange Nase?!" Da erzählte Ori ihm: "Das ist ein Schnabel, keine Nase. Meinen Schnabel brauche ich, um nach Würmern und kleinen Fischen zu picken." Jetzt hatten die beiden verstanden, warum sie so unterschiedlich aussahen. Gemeinsam lachten sie über die Vorstellung, wie Ori mit spitzen Stacheln aussehen würde oder wie Ricki mit einem langen Schnabel zurechtkommen würde.

Menschen sind manchmal ein bisschen ungeduldig, wenn sie etwas nicht sofort verstehen oder wenn ihnen etwas fremd ist. Vielleicht denkst Du einfach an Ricki und Ori, wenn Du das nächste Mal ein Kind triffst, das anders aussieht als Du oder das etwas ganz anders macht als Du. Beobachte es und überlege erst einmal oder frage es einfach. Es gibt immer einen Grund, warum Menschen anders aussehen oder bestimmte Dinge anders tun, als wir es von zu Hause gewohnt sind.

Mit allen fünf Sinnen entdecken!

Hände / tasten
Befühle einen Stoff oder achte einmal auf die Temperatur!

Ohren / _____
Du kannst Dir Kinderlieder oder Märchen aus Deinem neuen Land anhören.

Augen / _____
Du könntest eine Strichliste führen, z. B. wenn Du ein bestimmtes fremdes Tier siehst.

In dem Buch "**Die schönsten Kinderlieder aus aller Welt**" findest Du bestimmt auch Lieder aus Deinem neuen Land! Außerdem gibt es dazu auch Musikkassetten und CDs!

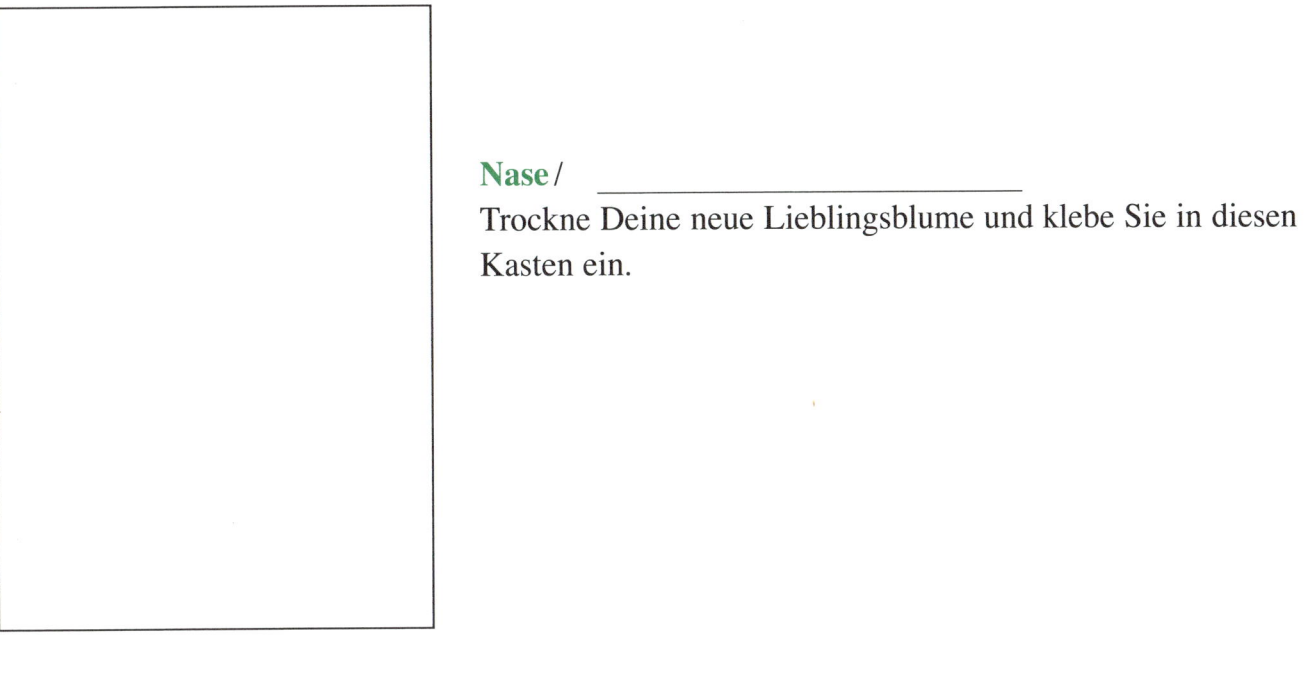

Nase / _____

Trockne Deine neue Lieblingsblume und klebe Sie in diesen
Kasten ein.

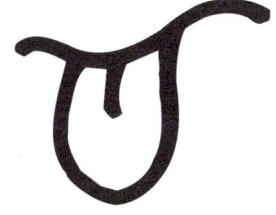

Zunge / _____

Beschreibe Dein neues Lieblingsessen! Kennst Du auch die
Zutaten?

* Nimm das Rezept von Deinem Lieblingsgericht mit und koch es
  mal für Deine neuen Freunde!
* Wusstest Du, dass nicht alle Kinder an ihrem ersten Schultag eine
  Schultüte voller Geschenke und Süßigkeiten bekommen?!
  Vielleicht hast Du Lust, mit Deinen neuen Freunden einmal eine
  Schultüte zu basteln; die könnt Ihr dann mit ein paar Süßigkeiten
  füllen, die Du von zu Hause mitgebracht hast!

"Hast Du schon einmal überlegt, wie Du Deinen Eltern helfen kannst?"

Klar, Du hilfst ihnen, wenn Du
den Tisch abräumst und Dein Zimmer in Ordnung bringst …
Aber was kannst Du sonst noch tun?

In Deiner neuen Umgebung solltest Du erst einmal besonders vorsichtig sein!

ACHTUNG! beim Straßeüberqueren! Fahren die Autos in dem neuen Land auf der gleichen Straßenseite wie zu Hause?

ACHTUNG! beim Baden! Springe nie einfach in Flüsse oder Seen, die Du nicht kennst!

VORSICHT! bei Pflanzen, die Du nicht kennst! Frage Deine Eltern, bevor Du sie pflückst!

VORSICHT! bei Tieren! Frage erst Deine Eltern, ob Du sie anfassen darfst!

Hier ist Platz für Deine
Bilder und Notizen!

Wichtige Informationen

* **Notfall-Telefonnummern**

_____

* **Geschäftsadresse und Telefonnummer der Eltern**

_____

_____

* **Telefonnummer einer Vertrauensperson**

_____

* **Welche Blutgruppe hast Du?** _____

* **Hast Du eine (seltene) Krankheit oder eine Allergie? Wie heißt sie in der Landessprache?**

_____

* **Welche Medikamente benötigst Du dafür?**

_____

Trage im ersten halben Jahr immer einen Zettel mit den wichtigen Telefonnummern und Deiner neuen Adresse bei Dir!

Hier ist Platz für Deine Bilder und Notizen!

Wird bestimmt
    schon wieder, aber ...

72

6. ... im Moment
ist es hier einfach doof!

Umziehen macht nicht nur Freude. Manchmal weißt Du gar nicht mehr, wo Du eigentlich hingehörst. Das Gefühl kennt auch Ori. Er hat darüber mit seinem Freund Ricki gesprochen. Ricki hat ein paar Tipps für Dich.

Kennst Du Das Gefühl?

Ori hat einen Brief von zu Hause bekommen ... Er möchte alleine sein.

"Werden die mich vergessen?"
"Ich wäre gerne dort."
"Mir ist hier langweilig."
"Hier ist es so anders."
"Ich bin traurig."

Ricki's Ratgeber-Ecke

Ori sagt: "Ich fühle mich irgendwie fremd!"

Ricki's Rat: "Wenn Du etwas nicht verstehst, dann frage einfach nach! Benutze dafür den Reporter-Fragebogen auf **Seite 77** – so macht Fragen richtig Spaß."

Ori sagt: "Mir ist so langweilig!"

Ricki's Rat: "Räum Deine restlichen Umzugskisten aus, vielleicht findest Du darin ja eine kleine Überraschung!?"

Ori sagt: "Ich habe Angst vor dem ersten Schultag."

Ricki's Rat: "Nimm in die Schule das Welt-Bingo-Spiel mit (findest Du auf **Seite 78**) und spiele es in Deiner neuen Klasse."

Wenn Du Dich fühlst wie Ori, dann hilft es oft, in ein **geheimes** Tagebuch zu schreiben. Auf der nächsten Seite haben wir für Dich so ein Tagebuch vorbereitet:

Dein Tagebuch

Datum: _____

_____

_____

_____

_____

_____

_____

_____

_____

_____

_____

_____

Du kannst diese Seite kopieren! _____

Stelle Dir vor, Du bist ein **Reporter**, der aus dem Ausland berichtet. Du kannst alles fragen, was Du schon immer einmal wissen wolltest! Denke Dir 8 Fragen aus, Du kannst auch ein Tonbandgerät mitnehmen.
Möglich sind z. B. Fragen zu Sportarten, Tieren, Hobbys, Ausflugstipps oder zum Fernsehen.

Zum Beispiel:

1. Welche Ausflüge kann man von hier aus machen?
2. Um wie viel Uhr gibt es normalerweise Mittagessen?
3. Wie verbringt man einen Samstagnachmittag?
4. Welches ist Ihre / Deine Lieblingssendung im Fernsehen?

_____

_____

_____

_____

_____

_____

Deinen Bericht kannst Du an <u>www.sowieso.de</u> schicken, das ist eine Online-Zeitung für Jugendliche. Außerdem gibt es ja noch <u>www.juma.de</u>, die Website der Schülerkorrespondenten! Mit Deinem Bericht kannst Du bestimmt die Fragen anderer Kinder beantworten!

Welt-Bingo

Suche jemanden, auf den die Beschreibung in den verschiedenen Kästchen zutrifft. Jeder Kasten muss von einer anderen Person ausgefüllt werden. Ziel ist es, drei verschiedene Namen in einer waagerechten, senkrechten oder diagonalen Linie zu haben. Vielleicht schaffst Du sogar alle Kästchen? Also – los geht's!

Wer spielt Fußball?	Wer ist mindestens schon zwei-mal im Ausland gewesen?	Wer hat Großeltern, die in den USA leben?
Wer spricht und versteht Deutsch oder Französisch?	Schreibe Deinen Namen in die-sen Kasten!	Wer hat mindestens vier Geschwister?
Wer war schon in der Schweiz Ski laufen?	Wessen Name stand schon mal in der Zeitung?	Wer hat schon einmal in einem Zug übernachtet?

Natürlich kannst Du Dir auch eigene Fragen überlegen. Frage Deinen neuen Lehrer, ob er Dir die Fragen übersetzt, wenn Deine Mitschüler kein Deutsch sprechen.

"Wie konnte ich es vergessen, ich habe mich doch auch auf vieles in meinem neuen Land gefreut!"

Blättere einmal zurück auf **Seite 24**. Dort hast Du aufgeschrieben, auf was Du Dich freust!

Was Du sonst noch alles unternehmen kannst, hier sind ein paar Ideen:

* Ein **Videoprojekt**: Drehe einen kleinen Film über einen typischen Tag in Deinem "neuen" Leben.

* Mache eine **Fotosafari** und fotografiere alles, was Dir besonders auffällt.

* Plane schon einmal den **Tagesablauf**, was Du alles mit Deinen Freunden machen möchtest, wenn sie Dich besuchen kommen.

* Sende eine **Flaschenpost** mit Deiner ganz persönlichen Botschaft!

* Plane eine **Schnitzeljagd** für den Samstagsausflug!

Ori möchte aus Deinem "Window" schauen!

Es gibt sicher manche Tage, an denen Du mal für Dich alleine sein möchtest. Vielleicht hast Du dann Lust, Deine eigene Ori-Figur zu basteln und sie an Dein Fenster zu kleben? Für Deinen eigenen Ori benötigst Du diesen Vordruck, 1 Schere und die üblichen Windowcolor®-Zutaten. Gutes Gelingen!

Hier ist Platz für Deine
Bilder und Notizen!

Bist Du zum Abflug bereit?

7. Ein Blick zurück

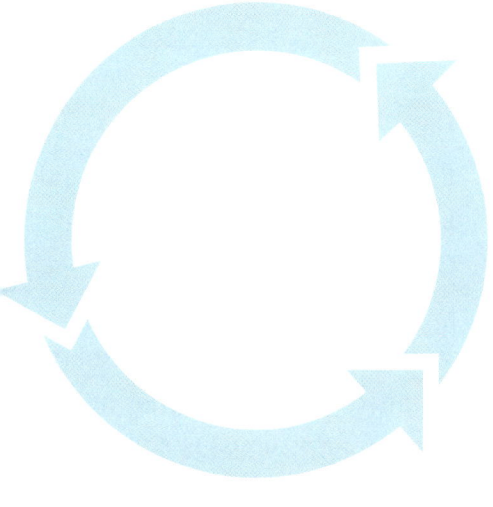

Bravo! Du hast bis hierhin schon eine Menge über Deinen Umzug und Dein neues Land gelernt! Erst hast Du überlegt, wie Dein Leben zu Hause aussah, dann hast Du Dir Gedanken gemacht, wie Du Deinen Umzug vorbereiten kannst. Und schließlich hast Du Dir vorgestellt, wie Dein Leben in dem neuen Land sein wird – oder bist Du sogar schon umgezogen?

Weil Du schon so weit gekommen bist, stellt Dir Ori auf der nächsten Seite ein ganz persönliches Zeugnis aus, auf das Du stolz sein kannst ...

Fülle jetzt Dein Zugvogel-Diplom aus. Rahme es ein und hänge es über Deinen Schreibtisch!

Wenn Du dann ab und zu hoch schaust, wirst Du immer an das erinnert, was Du Dir vorgenommen hast.

Gute Reise!
Safe Journey!
Bon Voyage!
Goede Reis!

 Du könntest ein Foto von Dir mit dem Zugvogel-Diplom an Deine Großeltern schicken! Sie würden sich bestimmt darüber freuen, was meinst Du?

Zugvogel-Diplom

Ich nehme mir vor, _____

_____

Ich hätte nie gedacht, dass _____

_____

Weitermachen möchte ich _____

_____

Ich habe gelernt, dass _____

_____

Wenn ich einen Wunsch frei hätte, dann würde ich
mir wünschen, dass

_____

_____

Ort _____   Datum _____

Unterschrift _____

Klebe hier das
große Ori-Bild hin

Ist es wirklich
schon so spät?

8. Hat da jemand an der Uhr gedreht?!

Wunderst Du Dich auch, wie schnell die Zeit im Ausland vorbeigegangen ist? Als Diplom-Zugvogel weißt Du ja, dass auch Zugvögel immer wieder in ihr Heimatland zurückfliegen.

Was das "Zurückfliegen" oder das "Weiterfliegen" für Dich bedeutet, steht auf den nächsten Seiten.

Wieder-nach-Hause-Kommen

Jetzt geht es wieder zurück in Deine **erste** Heimat!

Durch regelmäßigen Kontakt mit Deinen alten Freunden weißt Du ja bestimmt, was alles passiert ist und was gerade in ist, z. B.

* die Musik, die in den Charts ist.
* die neusten Modetrends.
* Was sagt man noch, was ist out?
* Was läuft Angesagtes im Fernsehen?
* Welche neuen Computerspiele gibt es?
* Gibt es neue Lehrer in Deiner Klasse?

! Du kannst auch noch mal in dem Chatroom unter **http://chat.schulweb.de** nachschauen, was es sonst noch Neues gibt!

ABREISE

a) Was hat Dir an Deiner zweiten Heimat am besten gefallen?

_____

_____

_____

b) Was hast Du alles Neues gelernt? Eine Sprache, eine Sportart, ein Spiel?

_____

_____

Platz für ein Bild von Dir
und Deinen besten Freunden –
zum Einkleben

 Wie wäre es mit einer Schatztruhe, in der Du alle wertvollen Erinnerungen an Dein neues Land aufbewahrst? Hinein gehören z. B. ein Bildband über das Land, Lieblingsrezepte, Adressen Deiner neuen Freunde, Postkarten oder alles, was Dir sonst noch wichtig ist.

Hier ist Platz für Deine Bilder und Notizen!

Gute Reise!
Safe Journey!
Bon Voyage!
Goede Reis!

Ori und Ricki werden auf jeden Fall Freunde bleiben und sich erzählen, was sie alles erleben! Ori freut sich natürlich auch über Deinen Bericht, was bei Dir so los war ... Hast Du einen neuen Tipp für Ricki's Ratgeber-Ecke? Wir sind gespannt!

9. Ein paar Worte an die Eltern / Pädagogen

* Wir stellen Ihnen das interaktive Konzept des Buches vor.

* Sie finden konkrete Anregungen für die verschiedenen Umzugs- und Eingewöhnungsphasen.

* Die wichtigsten Hinweise haben wir auf einer 10-Punkte-Liste zusammengestellt.

* Eine umfangreiche Sammlung von Informationsquellen, wie z. B. Bücher, Websites und Spielsammlungen, rundet dieses Buch ab.

Das interaktive Konzept

Zielgruppe: Dieses Buch richtet sich an Familien mit Kindern im Alter von 8 bis ca. 12 Jahren, die vor einem Umzug ins Ausland stehen.

Inhaltliche Zielsetzung: Kinder haben in diesem Sachbuch die Möglichkeit, sich spielerisch auf wesentliche Umstellungen vorzubereiten, die sie in dem neuen Land erwarten. Das Buch lädt das Kind ein, selbst kreativ zu sein, und animiert so zum Hinterfragen, Überdenken und Verarbeiten von Veränderungen.

Länderübergreifender Inhalt: Bei Auslandsumzügen werden – unabhängig von dem Zielland, in dem die neue Heimat liegen wird – von Kindern und Erwachsenen bestimmte Phasen durchlaufen. Daher bezieht sich der Inhalt des Buches nicht auf ein spezielles Land, sondern zielt auf eine allgemeine Vorbereitung und kulturelle Sensibilisierung der Kinder.

Länderspezifische Informationen: Auf der Website **www.Ori-and-Ricki.net** finden Sie umfangreiche Angaben und Links zu länderspezifischen Informationen.

Die Gefühle des Kindes verstehen: Die Erwartungen und Befürchtungen, die Kinder mit einem Umzug verbinden, unterscheiden sich grundlegend von denen der Eltern. Das gemeinsame Lesen des Buches kann Ihnen einen Eindruck vermitteln, wie Kinder einen (Auslands-)Umzug erleben und wie Sie die Eingewöhnungsphase im neuen Land erleichtern können. Der Zugvogel Ori führt als Protagonist durch das Buch und ist unter der E-Mail-Adresse **Ori@Ori-and-Ricki.net** für die Kinder zu erreichen.

Struktur und Nutzung des Buches:

Die Gliederung ist an die Phasen angelehnt, die im Rahmen eines Auslandsumzuges durchlaufen werden (Hormuth, 1988: 2–3):

1. Vergegenwärtigen des Lebens, wie es zu Hause ist   (Kap. 1)
2. Die Vorbereitungsphase   (Kap. 2–3)
3. Die kritische Phase nach dem Wohnortwechsel   (Kap. 4–7)
4. Die Reintegration in das Ursprungsland   (Kap. 8)

In jeder dieser Phasen können Sie auf die Anregungen und Ausführungen dieses Buches zurückgreifen. Besonders durch das gemeinsame Lesen des Buches mit Eltern, Verwandten, Lehrern oder einem interkulturellen Trainer kann das Kind die Inhalte optimal nutzen. Nicht zuletzt möchten wir allen Familienmitgliedern Vorfreude vermitteln auf das Umzugsabenteuer, das vor Ihnen und Ihrer Familie liegt!

Wir freuen uns über Ihr Feedback!

Was können Sie ganz konkret tun?

Kapitel **1** und **2** : Die Umzugsvorbereitungen

* Der Countdown bis zum Umzugstag ist für alle anstrengend; vielleicht haben Sie gerade dann etwas weniger Zeit für Ihr Kind. Um es dennoch in den Umzug einzubinden, schlagen wir einen Umzugskalender vor. Für die letzten 30 Tage vor dem Umzug enthält der Kalender pro Tag eine Aufgabe, ein Geschenk oder einen Gutschein. Zum Beispiel könnte eine Aufgabe sein, eine Einladung für die Abschiedsparty zu basteln. Auf diese Weise wird das Kind schrittweise an den Umzugstag herangeführt und kann an den Vorbereitungen aktiv mitwirken.

* Regen Sie Ihr Kind an, die Geschichten der Kinderbuchfiguren Nils Holgersson, Pippi Langstrumpf, Alice im Wunderland oder Peter Pan zu lesen. Diese Kinder reisen in der Phantasie und erzählen ihre Erlebnisse. – Von diesen Geschichten ist es nur noch ein kleiner Schritt zu Ihrem Kind, das in der Realität reisen wird!

* Versuchen Sie, die Reaktionen der Freunde Ihres Kindes kennen zu lernen; die Einstellung Ihres Kindes wird auch maßgeblich durch den Freundeskreis mitbestimmt. Eine Möglichkeit ist, die Freunde einzuladen und ein Video über das Leben im Zielland anzusehen.

* Laden Sie eine Familie aus dem Gastland ein (am besten mit Kindern, die im gleichen Alter sind wie Ihr Kind); lassen Sie Ihre Gäste über ihre Erfahrungen berichten. Dabei sollen ruhig auch die

Kinder zu Wort kommen, weil dies für Ihr Kind wahrscheinlich die interessantesten Informationen sind!

* Haben Sie ein Haustier, das Sie nicht mitnehmen können? Ermöglichen Sie Ihrem Kind, sich von dem Tier zu verabschieden. Versichern Sie dem Kind, dass das Tier gut aufgehoben ist, machen Sie Fotos!

* Kaufen Sie bestimmte Lieblingsprodukte auf Vorrat: Das gilt für die Lieblingskekse genauso wie für bestimmte Kinderpflegeprodukte. Informieren Sie sich bei ortskundigen deutschen Expats, was diese an Ort und Stelle vermissen!

* Kontaktieren Sie (vor dem Umzug) den neuen Klassenlehrer! Schlagen Sie vor, dass sie vorab postalisch Kontakt mit der neuen Klasse aufnehmen. Lassen Sie Ihr Kind sich kurz beschreiben und ein Bild beilegen – in den meisten Fällen ist die Antwort der neuen Klasse sehr positiv!

Kapitel 3 : Freundschaften pflegen und Freunde finden

* Unterstützen Sie Ihr Kind, den Kontakt zu seinen alten Freunden zu halten! Das kann auch über den traditionellen Postweg geschehen. Sie können ein bisschen nachhelfen, indem Sie vorab an sich selbst adressierte Postkarten an die Eltern der besten Freunde verteilen.

* Der Kontakt kann auch über eine Familien-Website gehalten werden oder über einen Newsletter, der z. B. quartalweise erscheint und an die Freunde und Verwandten gefaxt / gesendet wird. Über jedes Familienmitglied erscheint ein kleiner Artikel und eine Zeichnung – so ein Projekt macht Spaß und kann von allen Familienmitgliedern gemeinsam verfolgt werden.

* Die "Was-gibt-es-bei-Dir-Neues-Mail" funktioniert folgendermaßen: Ihr Kind schreibt eine E-Mail an einen Freund, z. B. mit einem kurzen Erfahrungsbericht. Der Freund zu Hause fügt seine Neuigkeiten und Bemerkungen hinzu und leitet die Mail weiter an einen weiteren Freund usw. Nachdem z. B. fünf Freunde aus dem Heimatland ihre Kommentare zu der Ursprungsmail hinzugefügt haben, wird diese wieder an Ihr Kind zurückgeschickt.

* Nutzen Sie Schulferien dazu, entweder Freunde des Kindes einzuladen oder Ihr Kind in das Heimatland reisen zu lassen!

Kapitel 4 und 5 : Das Leben in dem neuen Land – Was wird anders?

* Viele internationale Schulen bieten ein Sommer-Programm zur Einführung neuer Schüler an. Informieren Sie sich über solche Angebote!

* Machen Sie Ihr Kind neugierig auf das Land: Das kann über einen Feriensprachkurs geschehen oder dadurch, dass Sie jede Woche ein landestypisches Rezept ausprobieren!

* Bereiten Sie Ihr Kind auf neuartige Erlebnisse vor: Je nach Kulturkreis wird (Nutz-)Tieren ein unterschiedlicher Stellenwert beigemessen; bedenken Sie auch, welche Tiere als Haustiere gehalten werden und was gegessen wird. Ferner gibt es große Unterschiede bei den Hygienevorstellungen. Zudem variiert das Erscheinungsbild der Menschen (vor allem hinsichtlich Kleidung und Schmuck) und ihr Umgang mit Fremden. Schließlich gibt es große Unterschiede bezüglich der Stellung von Frauen, Kindern und Älteren in Familie und Öffentlichkeit und dementsprechend auch hinsichtlich des Respekts, der besonders letztgenannten entgegengebracht wird. Das Kommunikationsverhalten wie Blick- und Körperkontakt spielt dabei eine große Rolle.

* Trainieren Sie mit Ihrem Kind folgende Verhaltensweisen für ungewohnte Situationen:
  1) Beschreibe wertungsfrei, was Du siehst!
  2) Was glaubst Du, was es bedeutet?
  3) Was empfindest Du?
  Auf diese Weise wird geübt, emotionale Urteile erst im Anschluss an das rationale Hinterfragen zu fällen.

* Eine schöne Einstimmung auf die neuen Erfahrungen ist das Pocahontas-Video: Dort werden Neugierde, kritisches Hinterfragen und Toleranz thematisiert und vorgeführt.

* Achten Sie auf die Kleidung, die Ihr Kind am ersten Schultag trägt! Klären Sie den Stellenwert von Markenkleidung und vermeiden Sie auffällige, für das dortige Land ungewöhnliche Kleidung. Auf diese Weise wird es nicht unnötig Aufmerksamkeit erregen.

* Trainieren Sie wichtige "erste Schritte" mit Ihrem Kind (Verkehr, Telefonzelle, Heimweg)! Auf S. 70 finden Sie einen Zettel mit Platz für wichtige Kontaktadressen. Ihr Kind sollte diesen Zettel im ersten halben Jahr unbedingt bei sich tragen. Üben Sie auch den Umgang mit Münzen und Scheinen der neuen Währung!

* Bereiten Sie Ihr Kind darauf vor, wenn ein Elternteil für längere Zeit nicht zu Hause ist und viel reisen muss! Verdeutlichen Sie, dass das nur für einen begrenzten Zeitraum so sein wird!

* Erklären Sie, dass es ganz normal ist, Heimweh zu haben – das gilt für Groß und Klein. An erster Stelle steht nun, dass sich alle in dem neuen Heim zu Hause fühlen. Verzichten Sie in der ersten Zeit auf große Ausflüge – nutzen Sie stattdessen die Zeit, die nähere Umgebung zu erkunden!

* Eine Phase der Zurückgezogenheit ist nach einem Umzug normal. In dem Buch sind dementsprechend Mal- und Bastelvorlagen enthalten, sodass sich das Kind selbst beschäftigen kann. Besorgen Sie Windowcolors®, die Sie als Überraschungsgeschenk in einen Umzugskarton des Kindes packen. Das Buch enthält auf S. 80 eine Malvorlage und auf S. 75 wird das Kind angeregt, seine verbliebenen Kartons auszupacken; spätestens dann wird es die Fensterfarben entdecken und kann mit dem Malen beginnen.

* Viele Kinder haben Angst vor dem ersten Schultag. Sie könnten dem Lehrer das Welt-Bingo-Formular aus diesem Buch zukommen lassen – es bietet Ihrem Kind die Möglichkeit, am ersten Schultag die Klassenkameraden spielerisch kennen zu lernen.

* Jedes Kind reagiert anders auf einen Umzug. Achten Sie auf ungewohnte Verhaltensweisen, wie z. B. häufige Prügeleien, störrisches Benehmen, Weinerlichkeit, Schlaf- bzw. Essstörungen oder extreme Zurückgezogenheit. Diese Verhaltensweisen sind Symptome der Überforderung des Kindes in der Umstellungsphase. Nehmen Sie sich in diesem Fall besonders viel Zeit für Ihr Kind!

* Planen Sie – wenn möglich – in dieser Phase den Besuch eines Freundes! Ermutigen Sie Ihr Kind, den Aufenthalt vorzubereiten. So erhält es die Möglichkeit, sich als "Experte vor Ort" oder als "Fremdenführer" zu erleben (siehe S. 79).

* Zur Erleichterung der Wiedereingliederung in die Schule kann auf die Dienste folgender beider Institute zurückgegriffen werden: für die Klassen 1–5 die Deutsche Fernschule (**www.deutsche-fernschule.de**) und die Klassen 5–10 das Institut für Lernsysteme (**www.ils.de**). Beide Institute bieten Unterrichtspakete an, die auch schon während des Auslandsaufenthaltes als Ergänzungsunterricht genutzt werden können (z.B. im Fach Deutsch).

* Bei der Wiedereingliederung in die Schule könnte Ihr Kind eine Präsentation vor der Klasse geben, um sich und seine einzigartige Auslandserfahrung vorzustellen.

* Weiterhin wird dadurch verständlich, warum Ihr Kind bestimmte Ereignisse nicht miterlebt oder sogar einen Akzent bekommen hat.

* Vorsicht! Achten Sie darauf, dass Ihr Kind nicht immer wieder von seinen Erlebnissen erzählt, es könnte als Angeberei oder sogar als Ablehnung der Heimatkultur verstanden werden.

* Organisieren Sie eventuell eine "Erlebnisaustauschplattform" für Ihr Kind; nehmen Sie Kontakt auf mit anderen zurückgekehrten Kindern mit Auslandserfahrung.

10-Punkte-Liste

1. Informieren Sie Ihr Kind unbedingt frühzeitig, dass ein Umzug ins Ausland ansteht, und zwar je eher, desto besser! Sprechen Sie mit Ihrem Kind ausgiebig über das Zielland und den Alltag, der die Familie voraussichtlich erwarten wird! So können Sie die Ängste des Kindes vor Unbekanntem minimieren. Integrieren Sie Ihr Kind in die Umzugsvorbereitungen, da es sich sonst leicht übergangen fühlt!

2. Beide Eltern sollten eine positive Grundeinstellung zum Umzug vermitteln; Kinder imitieren diesbezüglich ihre Eltern. Wichtig ist jedoch, dass keine überzogen positive Einstellung an den Tag gelegt wird. Achten Sie darauf, was Sie und Ihr Partner vor Ihrem Kind über den Umzug äußern!

3. Vergegenwärtigen Sie sich, dass Ihr Kind einem Umzug ganz andere Befürchtungen entgegenbringt als Sie! Kinder empfinden den Verlust ihrer Freunde und das Schließen neuer Freundschaften als größte Herausforderung, während Eltern sich in der Regel um die schulischen Leistungen sorgen. Zeigen Sie Verständnis für die Sorgen Ihres Kindes!

4. Vermeiden Sie es, im Zuge eines Auslandsumzuges weitere Veränderungen einzuführen, z. B. Wechsel der Schulfächer des Kindes, Trennung der Eltern etc. Diese Mehrfachbelastungen verhindern ein schnelles Einleben. Versuchen Sie, weitestgehende Kontinuität herzustellen!

5. Behalten Sie daher die Regeln bei, die zu Hause gegolten haben! So können Sie im familiären Bereich eine gewisse Kontinuität sichern.

6. Fördern Sie den Kontakt zu alten Freunden Ihres Kindes!

7. Helfen Sie aktiv bei der Kontaktaufnahme zu neuen Freunden!

8. Vergegenwärtigen Sie sich, dass die Eingewöhnungszeit an neue Schul- und Wohnverhältnisse durchschnittlich 3 bis 4 Monate beträgt! Ein Sprachwechsel verlängert diese Zeit.

9. In den ersten 6 Monaten zeigen die Kinder meist nachlassende Leistungen in der Schule. Helfen Sie, indem Sie in dieser Zeit den Leistungsdruck mindern und Verständnis zeigen! Besonders ehrgeizige Kinder sollten vorab auf diesen Leistungsabfall hingewiesen werden.

10. Die meisten Haushaltsunfälle passieren erfahrungsgemäß erst nach ca. 6 Monaten, nachdem die anfängliche Aufmerksamkeit nachgelassen hat. Also lassen Sie auch später noch besondere Vorsicht walten!

Quelle: Prof. Stefan Hormuth, Gutachten für das Auswärtige Amt, Gießen, 1988

Weitere Quellen zum Anzapfen

Themabücher & Websites für Deutsche Expats

* Länderinformationshefte zu beziehen über **www.studienkreis.org**
* Mit dem Partner ins Ausland von Ulla Wohlgeschaffen   ISBN 3-933155-15-0
* **www.goingglobal.de**
* **www.imausland.org**
* **www.bdae.de**

Kinderbücher

* Pippi Langstrumpf von Astrid Lindgren,   ISBN 3-7891-2944-5
* Nils Holgerssons wunderbare Reise durch Schweden, Selma Lagerlöf,   ISBN 3-357-00950-1
* Peter Pan von James M. Barrie,   ISBN 3-7915-3589-7
* Alice im Wunderland von Lewis Carroll,   ISBN 3-8067-4269-3
* Märchen aus aller Welt von Walter Kahn,   ISBN 3-7707-3039-9
* Kinder aus aller Welt von Barnabas Kindersley, Anabel Kindersley,   ISBN 3-7855-2815-9
* Mein allerschönstes Wörterbuch von Richard Scarry,   ISBN 3-7735-4902-4
* Feste der Völker von Claudia Emmendörfer-Brößler,   ISBN 3-88864-284-1
* Die schönsten Kinderlieder aus aller Welt von Klaus Hoffmann,   ISBN 3-401-04538-5
* Kochen mit Cocolino von Oski & Oski,   ISBN 3-444-70547-9
* Die großen Religionen der Welt,   ISBN 3-8067-4483-1
* Pocahontas, eine indianische Legende, Walt Disneys Kindervideo

Bastelbuch

* Origami ohne Grenzen von Kumihiko Kasahara,   ISBN 3-8043-0687-X

Fachliteratur

* Hormuth, Stefan E.; Auswirkungen häufigen internationalen Wohnortwechsels auf die Sozialisation von Kindern und Jugendlichen im Auswärtigen Dienst der Bundesrepublik Deutschland. Gutachten für das Auswärtige Amt, Heidelberg, 1988.